So lebt

Lübeck

*Der perfekte Reiseführer für einen unvergessli-
chen Aufenthalt in Lübeck inkl. Insider-Tipps
und Packliste*

Melanie Lehmann

Alle Ratschläge in diesem Buch wurden sorgfältig erwogen und geprüft. Eine Garantie kann dennoch nicht übernommen werden. Eine Haftung für jegliche Personen-, Sach- und Vermögensschäden ist daher ausgeschlossen. Die Benutzung dieses Buches und die Umsetzung der darin enthaltenen Informationen erfolgt ausdrücklich auf eigenes Risiko.

✈ INHALT

Entertainment 55

Konzerte, Clubs und Kneipen 64

Das erwartet Sie in diesem Buch

„ie Stadt der sieben Türme" oder auch **D** „Tor zum Norden" wird sie genannt, die Hansestadt Lübeck. Sie lockt mit ihrem mittelalterlichen Baustil, den einzigartigen Höfen, Gängen und dem Rauschen der Trave. 2019 konnte die wunderschöne Hansestadt schon über 800.000 Gäste von sich überzeugen.

Lassen Sie sich mit diesem Buch inspirieren, eine Reise zu unternehmen in eine der schönsten

Städte Deutschlands, oder, sollten Sie Lübeck schon kennen, die Hansestadt auf eine neue Art und Weise zu erkunden.

Wussten Sie zum Beispiel, dass noch heute 90 der mittelalterlichen Gänge, Torwege und Höfe in Lübecks Altstadt zu finden sind? Im Mittelalter, als die Stadt durch den Handelserfolg der Hanse innerhalb der Stadtmauern immer weiterwuchs, suchte man nach Möglichkeiten, all die Bewohner unterzubringen. Also baute man kleine Gänge durch die Geschäftshäuser zu den Hinterhöfen und setzte hier noch ein weiteres kleines Gebäude hin. Auch, wenn die sogenannten Buden inzwischen nicht mehr existieren: Die Gänge und Höfe kann man noch heute bestaunen. Sie sind geheimnisvolle Oasen, die die Besucher in eine andere Zeit versetzen, inmitten der sonst so modernen Welt.

Solche Geschichten und Tipps erwarten Sie in diesem Buch.

In den folgenden Kapiteln werde ich Ihnen Tipps geben, welche Ecken Lübecks besonders sehenswert sind. Ich führe Sie zu Geschäften, Restaurants und Bars. Ich verrate Ihnen die vielversprechenden Aktivitäten im Stadtgebiet und gebe

Empfehlungen für Konzert-, Theater- und weitere Veranstaltungsorte. In den kleinen Kästchen am Rand können Sie kleine Insider-Infos lesen, die Ihnen Touristen-Stress ersparen und Ihren Aufenthalt so angenehm wie möglich bereiten sollen. Genau dafür lege ich Ihnen in diesem Buch auch eine Reihe an Anreise- und Übernachtungsmöglichkeiten ans Herz.

Ich persönlich kenne Lübeck schon mein Leben lang und kann Ihnen versprechen: Es ist immer wieder eine Reise wert.

Sehenswürdigkeiten und Aktivitäten

LÜBECKS WAHRZEICHEN

Die Hansestadt und ihre Bürger sind besonders stolz auf ihre Wahrzeichen, deren Ruf über die Stadttore hinausreicht. Das Holstentor, Lübecker Marzipan und die besondere mittelalterliche Architektur ist auch außerhalb Deutschlands bekannt. Sollten Sie sich also für einen Städtetrip und gar längeren Urlaub in Lübeck entscheiden und sind Sie interessiert an den genannten Sehenswürdigkeiten – super, dieses Kapitel sollten Sie lesen!

HOLSTENTOR

Das Holstentor ist als Wahrzeichen Lübecks bekannt. Es hat früher als eines der vier Stadttore gedient, heute existieren davon nur noch zwei. Vom Hauptbahnhof ist es auch für Fußgänger schnell zu erreichen. Es eignet sich wunderbar für eindrucksvolle Urlaubsfotos und die gepflegten Wiesen vor dem Gebäude laden zum Verweilen ein – ob nun mit Picknickdecke oder ohne. Im Gebäude selbst lässt sich das Stadtgeschichtliche Museum finden, in dem Sie interessante Fakten über Lübecks Historie lernen können.

MARKENZEICHEN MARZIPAN

Wirklich jeder, der an Lübeck denkt, verbindet mit der schönen Hansestadt auch ihr Marzipan, denn dies erfreut sich weltweit großer Beliebtheit. Schon seit 1806 verkauft Niederegger, der wohl bekannteste Hersteller, feinstes Marzipan in Lübecks Innenstadt. In der Breiten Straße 89 werden Sie willkommen geheißen, auf ein Stück Torte und Kaffee zu verweilen oder aber in dem Niederegger-Shop süße

Mitbringsel für Ihre Liebsten zu finden. Diese reichen von den klassischen Marzipanbroten über saisonale Geschenkideen wie Schokoladen-Weihnachtsmänner bis hin zu feinsten Pralinen. In den warmen Monaten bekommen Sie auch die Möglichkeit, Niereggers Kugel-Eis zu probieren, welches aus dem Ladenfenster verkauft wird.

Insider-Tipp:

Wenn Sie etwas Geld spa-ren möchten, es aber trotzdem bestes Marzipan sein soll, kann ich Ihnen empfehlen, den Fabrikverkauf von Niederegger zu besuchen. Diesen finden Sie in der Zeißstraße 1-7, etwas außerhalb des Zentrums.

LÜBECKS ARCHITEKTUR UND GÄNGE

Lübeck bietet sich wunderbar zum Schlendern an. Spazieren Sie durch die Straßen und schauen Sie nach oben. Der Baustil aus der Backsteingotik ist beeindruckend. Außerdem kann ich Ihnen nur empfehlen, die Hauptwege auch einmal zu verlassen und einen Blick in die Seitenstraßen zu werfen. Die Innenstadt bietet nämlich viele hübsche Gänge mit zugehörigen Höfen, die sich sehen lassen. Sie sind Überbleibsel aus dem Mittelalter und wurden glücklicherweise zum Großteil nicht in den Kriegen zerstört, sondern sind noch heute frei zugänglich, wie beispielsweise der Füchtingshof. Zwischen den Gebäuden, in denen damals die Gewerbe zu finden waren, fanden sich schmale Gänge zu den Hinterhöfen, in denen früher die kleinen Wohnhäuser standen. Wenn Sie also einen Hauch mittelalterliche Architektur genießen möchten, trauen Sie sich und biegen Sie in die Seitengassen ab. Es lohnt sich.

WEIHNACHTSMARKT IN DER „WEIHNACHTSSTADT DES NORDENS"

Ein weiterer Besuch in Lübeck lohnt sich in der Weihnachtszeit. Denn dann ist der wunderschöne Weihnachtsmarkt in der Stadt. Handwerkskunst, leckere Snacks und bester Glühwein können hier in der malerischen Altstadt genossen werden. Und dieser Markt erstreckt sich über weite Teile, damit die vielen Besucher, die der Weihnachtsmarkt jedes Jahr anlockt, das Ereignis besinnlich erleben können.

Außerdem wird jeder Teil des Marktes für unterschiedliche Geschmäcker beziehungsweise Altersgruppen geplant und bestückt.

Der nach meiner Meinung schönste Teil des Weihnachtsmarktes findet sich an der Ober-Trave. Hier gibt es zwar vor allem ein Angebot für Kinder und Familien, wie zum Beispiel eine Weihnachtsbäckerei für die Kleinen, aber die geschmückten Buden in der Kulisse der beleuchteten Häuser mit dem Rauschen des Wassers im Hintergrund bringen auch den größten Weihnachtsmuffel in festliche Stimmung.

Weiter fortgeführt wird der Markt dann auf dem Rathausmarkt, wo es hauptsächlich Essen und Trinken gibt. Hier findet sich aber auch ein Häuschen, das Baumschmuck jeglicher Art anbietet. Hier ist ebenfalls für jeden Geschmack etwas dabei.

In der Breiten Straße bietet Niederegger weitere Genüsse aus dem Ladengeschäft. Da dies die größte Einkaufsstraße Lübecks ist, werden Sie hier auch weiterhin die Möglichkeit haben, Kleidung, Schmuck und Nützliches jeder Art zu besorgen. In dieser Jahreszeit gibt es vor allem viele Straßenmusiker, die mit weihnachtlicher Musik die Stimmung untermalen.

Insider-Tipp:

Die Geschäfte (und vor allem Niederegger) sind in der Vorweihnachtszeit sehr gut besucht. Wollen Sie hier aber ein Mitbringsel kaufen? Nutzen Sie die Zeit kurz nach Ladenöffnung, um dann den Rest des Weihnachtsmarktes in Ruhe genießen zu können.

An der Marienkirche ist der mittelalterliche Teil des Weihnachtsmarktes zu finden. Hier gibt es rustikales Brot, Handwerker wie Schmiede und selbst gemachten Schmuck.

Anschließend lohnt sich ein Blick hinter die Kirche bei der Mengstraße. Hier wird jedes Jahr ein Märchenwald aufgebaut. Überall stehen kleine Hütten, in denen Szenen aus verschiedenen Märchen dargestellt werden. Dies ist ebenfalls vor allem für die Kleinen ein Erlebnis.

Ein weiterer Kunsthandwerkermarkt ist in der Petrikirche ausgestellt. Über drei Wochen finden sich hier selbst gemachte Schmuckstücke aus unterschiedlichsten Materialien.

Der bekannteste Handwerkermarkt befindet sich aber im Heiligen-Geist-Hospital am Koberg 11. Dies fungiert den Rest des Jahres als Zeugnis der ältesten Sozialeinrichtung Europas! Hier wurden schon im Mittelalter Kranke und Alte gepflegt.

Auf dem Koberg ist der maritime Part des Weihnachtsmarktes zu finden. Hier steht jedes Jahr ein Riesenrad, es wird natürlich Glühwein und Essen verkauft und die Kulisse ist mit Fischernetzen, Fässern und Holz geschmückt.

LÜBECKS MUSEEN UND ATELIERS

Die Hansestadt hat unter ihren Söhnen bereits drei Nobelpreisträger zu verzeichnen: Willy Brandt, Thomas Mann und Günther Grass. Für alle drei lassen sich in der Stadt Museen finden, die über die Lebenswerke aufklären. Dieser Abschnitt greift aber auch wieder Lübecks interessante Seitenstraßen auf. Denn hier finden sich inspirierende Ateliers, die immer wieder einen Besuch wert sind.

MUSEUMSHAFEN

Der Museumshafen ist ein Freilichtmuseum direkt auf der Trave. Hier können Touristen historische Wasserfahrzeuge wie Traditionssegelschiffe begutachten. Es gibt einen gemeinnützigen Verein, der Museumshafen zu Lübeck e. V., der sich damit beschäftigt, historische Schiffe zu kaufen, zu restaurieren und an der Unter-Trave der Öffentlichkeit zugänglich zu machen. Hier können Sie die Schiffe betreten oder sogar noch besser: mitsegeln! Regelmäßig finden Segeltörns auf der Ostsee statt, die man sich nicht entgehen lassen sollte.

GÜNTER-GRASS-HAUS

Günter Grass ist zwar nicht in Lübeck geboren, hatte aber sein Büro in dem Gebäude, welches heute als Günter-Grass-Haus bekannt ist. Es befindet sich in der Glockengießerstraße 21. Heute wird es zum einen als Museum genutzt und dient als gute Möglichkeit, viel über das Schaffen des Schriftstellers, Grafikers und Bildhauers zu erfahren. Vor allem der Einsatz von interaktiven Medien reizt auch junge Leute, sich mit dem Museum zu befassen. Die Ausstellung zeigt zusätzlich eine Reihe ausgewählter Skulpturen, die Günter Grass erschaffen hat und auch ein kleiner Kolonialwarenladen aus seinem Roman „Die Blechtrommel" wurde nachgestellt. Für Kinder bietet das Museum ebenfalls ein eigenes Programm. So können sie auf Schnitzeljagd gehen oder den nachgestellten Warenladen erkunden.

Zusätzlich zu dem Museum gibt es in dem Gebäude auch wechselnde Ausstellungen, die über Günter Grass und auch weitere Autoren und Künstler aufklären. Dazu zählen unter anderem Johann Wolfgang von Goethe oder Hermann Hesse.

BUDDENBROOK-HAUS

Auch Thomas Mann wird mit einem Haus geehrt. Der Roman „Die Buddenbrooks", der 1901 erschien, erzählt die Geschichte des Familienlebens einer Lübecker Kaufmannsfamilie. Dieser gewann einen Literaturnobelpreis und konnte bisher im ehemaligen Wohnhaus der Familie von Besuchern aus aller Welt nachempfunden werden. Heute wird zunächst das Stadthaus Behnhaus für die Ausstellung genutzt, um das originale Buddenbrook-Haus zu erneuern und die Ausstellung zu überarbeiten. Dennoch sollten Sie sich einen Besuch auf keinen Fall entgehen lassen. Auch hier finden sich Ausstellungen und Vernissagen, die das Familienleben darstellen und die Szenen aus dem Roman lebendig werden lassen.

WILLY-BRANDT-HAUS

Ein weiterer Sohn der Stadt und Nobelpreisträger ist Willy Brandt, der erste Bundeskanzler, der von der SPD gestellt wurde. Dieser erhielt 1971 einen Friedensnobelpreis für sein ausgeprägtes Engagement in der Annäherung an die Ostblockstaaten, mit der er versuchte, nach dem Kalten Krieg wieder Entspannung herzustellen und die Beziehungen wieder zu verbessern. Ein Bild, das jedem aus dieser Zeit wahrscheinlich noch im Kopf ist, ist Willy Brandts Kniefall am Ehrenmal für die Toten des Warschauer Ghettos.

Das Willy-Brandt-Haus zeigt eine Dauerausstellung und bietet Vorträge und Lesungen zu dem Schaffen und dem politischen Leben des Sozialdemokraten. Es ist also vor allem für die Besucher interessant, die sich für Politik und Deutschlands Geschichte begeistern können.

EUROPÄISCHES HANSEMUSEUM

An der Untertrave 1 können Sie die aufregende Zeit der Hanse erleben. Hier werden Sie zurückversetzt in eine Ära der Kaufleute, die Lübeck zu einer Handelsmacht gemacht haben. Sie tauchen ein in die Handelsboykotte, Verhandlungen, Kriege und schließlich auch in die tragische Zeit der Pest. Sie erfahren auch, wie und warum Lübeck ihren Stand als Handelsmacht nicht aufrechterhalten hat.

GRENZMUSEUM SCHLUTUP

Etwas jüngere Geschichte Lübecks können Sie im Grenzmuseum in der Mecklenburger Straße 12 erleben. Der Grenzübergang Selmsdorf war der nördlichste Grenzübergang zur DDR und Lübeck zusätzlich die einzige Großstadt, die direkt an die DDR grenzte. Hier passierten die Lastkraftwagen, die nach Skandinavien fahren mussten. Im Grenzmuseum können Sie zeitgeschichtliche Dokumente wie

Uniformen und Berichte, aber auch Fotos und Filme bestaunen. Der Fokus wird hier vor allem daraufgelegt, die jüngeren Generationen zu sensibilisieren.

INDUSTRIEMUSEUM GESCHICHTSWERKSTATT HERRENWYK

Das Gebäude, in dem Sie heute das Industriemuseum Geschichtswerkstatt Herrenwyk finden, war früher einmal das Werkskaufhaus im Hochofenwerk. Damals war der Stadtteil Herrenwyk noch ein Arbeiterstadtteil, der durch Industrie auch optisch geprägt war. Heute wird durch das Museum der Arbeiteralltag erlebbar gemacht. Falls Sie sich dafür interessieren, wie sich soziale und finanzielle Probleme im Alltag der Arbeit niedergeschlagen haben und wie die schlechten Lebensbedingungen der Zwangsarbeiter und Kriegsgefangenen aussah, sollten Sie das Museum in der Kokerstraße 1-3 besuchen. Hier finden sich auch regelmäßig wechselnde Ausstellungen zu unterschiedlichen zeitgeschichtlichen oder wirtschaftsgeschichtlichen Themen.

MUSEUM BEHNHAUS DRÄGERHAUS

Dieses Museum verteilt sich in zwei Gebäude: die historischen Stadtpaläste Behnhaus und Drägerhaus. Hier finden Sie vor allem Gemälde aus dem 19. Jahrhundert, aber auch nicht zu verachtende Wohnensembles aus dem 18. und 19. Jahrhundert. Während im Behnhaus Privatgemächer von Hausherren mit beeindruckenden Inneneinrichtungen aus dem Klassizismus nachgestellt werden, finden Sie im Drägerhaus eine Festraumfolge im Rokoko-Stil. Das Museum wird als eines der schönsten Museen Norddeutschlands bezeichnet und ist daher auch immer einen Besuch wert.

MUSEUM FÜR NATUR UND UMWELT

Die Geschichte der Natur in und um Lübeck wird im Museum für Natur und Umwelt in der Musterbahn 8 aufgearbeitet. Hier werden Sie erleben, wie sich die Tier- und Pflanzenwelt in den letzten 11 Millionen Jahren entwickelt hat. Sogar das Skelett eines Pottwals ist hier ausgestellt. Vor allem werden in der Ausstellung die Flüsse Trave und Wakenitz und das

Leben, das sich in ihnen tummelt, unter die Lupe genommen. Neben der Dauerausstellung werden hier auch Exkursionen sowie Vorträge, Ferienprogramme und Sonderausstellungen angeboten.

MUSEUMSQUARTIER ST. ANNEN

Das Museumsquartier St. Annen verbindet ein Museum und eine Kunsthalle. Hier können Sie nicht nur die Ausstellungsräume mit den Kunstwerken und Fundstücken aus Lübecks Geschichte aller Art begutachten, sondern auch der Hof und Garten ist Zeugnis einer Zeit des ehemaligen Klosters. Im Obergeschoss können Sie durch verschiedene Zimmer spazieren, die das ehemalige Familienleben und den Alltag in der Hansestadt widerspiegeln. Sie erfahren, wie die Zimmer damals eingerichtet waren, welche Kleidung man trug und welche Werte vertreten wurden. Zusätzlich zu diesem spannenden Angebot gibt es einen Raum, in dem verschiedene Medien eingesetzt werden, um das damalige Leben virtuell mit allen Sinnen erlebbar zu machen. Zu finden ist das Museumsquartier in der St. Annen-Straße 15.

THEATERFIGURENMUSEUM

Das TheaterFigurenMuseum befindet sich in Lübecks 400 Jahre alten Kaufmannshäusern. Hier werden Sie durch eine Kollektion aus allerlei Theater-Equipment geführt. Dazu gehören neben Puppen auch Bühnenbilder, Kostüme, Plakate und weitere Requisiten. Die Gesamtheit der Ausstellungsstücke gilt als die größte Sammlung weltweit. Sie stammt aus drei Kontinenten und aus über 300 Jahren Theater- und Puppenspielgeschichte. Neben dieser Ausstellung können Sie sich auch ein modernes Puppenspiel anschauen oder am Museumsquiz teilnehmen. Das Museum finden Sie in der Nähe des Holstentors, am Kolk 14.

KLOSTERKIRCHE
„KATHARINENKIRCHE"

Die Katharinenkirche fungierte als Klosterkirche des Franziskanerklosters, welches heute leider nicht mehr existiert. Lübeck besaß ursprünglich vier Klosterkirchen – diese ist die einzige, die erhalten geblieben ist. In der Königstraße befindet sich dieses zeitgeschichtliche Gebäude, in dem Sie heute einen Eindruck des damaligen Lebens der Mönche erhalten können.

LÜBECKS KIRCHEN

Wie Sie in der Einleitung schon gelesen haben, zeichnet sich Lübeck durch sieben Türme aus. Die Anzahl ist unter anderem auch den Kirchtürmen zu verdanken. Die Kirchen sind wahre Zeitgeschichte und Zeugnisse von 750 Jahren echter Backsteingotik.
Die St. Marienkirche am Marienkirchhof 1 ist die drittgrößte Kirche Deutschlands. Kennen Sie die Geschichte von der Kirchenmaus Rosemarie? Die Legende besagt, dass ein Rosenstock neben der Kirche wuchs, als diese gerade erst fertiggestellt war und

dass, solange die Rosen daran blühen, Lübeck frei sei. Doch eines Tages verwelkte der Rosenstock und Lübeck musste sich den Dänen ergeben. Man fand heraus, dass eine Maus ihr Nest an dem Rosenstock gebaut hatte. Nachdem die Dänen wieder abgezogen sind und Lübeck wieder eine freie Stadt war, ließ der Stadtrat die Maus in Stein hauen, um daran zu erinnern, dass ein kleines Übel über Nacht sehr groß werden könne. Noch heute können Sie das Abbild der Maus besuchen und wenn Sie es berühren, so die Legende, bringt es Ihnen Glück.

Die St. Petrikirche ist ebenfalls sehr sehenswert. Sie wurde ursprünglich als dreischiffige Kirche erbaut, aber dann im 15. Jahrhundert zu einer fünfschiffigen Kirche erweitert. Nachdem sie leider im Zweiten Weltkrieg zerstört wurde, baute man sie wieder auf. Und heute kann man ihre Aussichtsplattform wunderbar nutzen, um einen Blick über die schöne Altstadt Lübecks und sogar ihre Umgebung zu erlangen.

Insider-Tipp:

Jeden ersten Samstag im Monat findet um 23 Uhr PetriVision statt. Eine Veranstaltung, in der eine Lichtershow sowie Tanz und Lyrik dargestellt wird. Auch gesellschaftliche Themen werden ansprechend diskutiert. Danach dürfen Sie gern für Brot und Wein verweilen.

Das älteste Gotteshaus Lübecks ist der Dom. Dieser wurde ebenfalls im Zweiten Weltkrieg durch einen Luftangriff zerstört, aber wiederaufgebaut. Er zeichnet sich heute durch die Vielzahl an Kunstwerken aus, die die Gäste begutachten können. Das Kloster, das sich einmal dort befand, ist heute leider nur noch anhand des südlichen Querhauses erkennbar.

Die St. Jakobikirche ist Lübecks Seefahrerkirche. Unter dem Gewölbe der Pamir-Kapelle befinden sich Urnen von jenen Menschen, deren Leben sich vor allem durch die Seefahrt ausgezeichnet hat. Eine weitere Besonderheit ist die Stellwagenorgel der Kirche, die eine der norddeutschen Orgeln aus dem 16. Jahrhundert ist, die am besten erhalten wurde. Begutachten Sie auch die Gebäude vor der Jakobikirche. Diese Backsteintraufenhäuser stammen aus dem

Jahre 1601 und dienten damals als Wohnung für die Pastoren und Prediger.

Zu guter Letzt wäre da noch die St. Aegidienkirche. Diese können Sie in der Aegidienstraße 75 finden. Sie ist unter den genannten Kirchen die kleinste. Sie stammt aus dem 14. Jahrhundert und begeistert mit gotischer Malerei an ihren Wänden mit Elementen aus Barock und Renaissance.

ATELIERS UND GALERIEN

In der Altstadt finden sich immer wieder kleine Läden, in denen Lübecks bildende Künstler ihre Werke präsentieren. Schauen Sie unbedingt hinein! Die Szene lebt davon, sich gegenseitig zu inspirieren, Ideen zu tauschen und eventuell sogar das ein oder andere Stück mit nach Hause zu nehmen.

Das Atelier Zebrafisch zum Beispiel bietet Kunstwerke an, die den Alltag versüßen sollen. Die Werke zeigen vor allem Fische und Frauen, die mit Humor und Charakter ein Lächeln auf das Gesicht des Betrachters werfen sollen. Hier kann man nicht nur Bilder auf Leinwänden betrachten oder kaufen, sondern auch Postkarten oder Kalender. Das Atelier befindet sich in der Hüxstraße 97.

Das Atelier Roststätte zeigt keine Gemälde, sondern Fotografien. Sie zeigen vor allem urbane Szenen. Diese können entweder einzeln als Poster oder gesammelt in einem Fotokalender erworben werden. Sie vermitteln ebenfalls ein Gefühl für Lübecker Stadtleben. Dieses Atelier finden Sie in der Glockengießerstraße 50.

Die „Galerie & Atelier Jörg Petersen" ist in der Aegidienstraße 29 beheimatet. Hier kann man Gemälde in Acryl betrachten oder kaufen. Der Künstler selbst sagt, sein Style sei, keinen Style zu haben. Dadurch ist das Atelier immer für eine Überraschung gut.

KANUTOUR UM LÜBECK

Haben Sie Interesse an sportlicher Betätigung und mögen Sie Wassersport? Nutzen Sie die Möglichkeit, beides zu vereinen. Sie können beispielsweise beim Kanu-Center in der Falkstraße Kanus leihen und die Stadt vom Wasser aus erkunden. Da Lübeck mit Wasser umgeben ist, die dies eine großartige Idee, um etwas Abwechslung in den Urlaub zu bringen.

Im genannten Kanu-Center kann man stundenweise Kanus mieten und selbst Lübeck und/oder seine Umgebung von der Mittleren Trave, der Unteren Trave, der Wakenitz, dem Schaalseekanal, der Alster oder den Möllner Seen aus erkunden. Die Tour, die direkt um die Lübecker Altstadt führt, dauert ungefähr 2,5 Stunden. Hier paddelt man an geschichtsträchtigen Gebäuden wie dem zuvor genannten Holstentor vorbei und man erlebt die Stadt auf eine ganze andere Weise.

Diese Art, eine Stadt zu erkunden, ist nicht in vielen Städten möglich. In Lübeck ist es aber durch die Trave fast schon ein Muss! Eine so malerische Tour findet man am Festland wohl kaum.

Wenn es Ihnen lieber ist, ein Tretboot zu mieten oder ein Motorboot, ist dies natürlich auch problemlos möglich. Besuchen Sie beispielsweise dazu den Bootverleih an der Moltkebrücke. Hier wird Ihnen immer gern weitergeholfen.

SCHWIMMBÄDER

Lübeck bietet eine Reihe von Schwimmbädern und Thermen, die die ganze Familie einladen und jeden Geschmack bedienen. Egal, ob Sie entspannen, sich tobend auspowern wollen oder Ihre Bahnen schwimmen möchten. Für jeden und jede ist etwas dabei. Für die Sommermonate bieten sich Lübecks Freibäder an. Diese finden Sie im gesamten Stadtgebiet. Vorzuschlagen sind hier das Freibad Moisling, Krähenteich, Schlutup, Marli, Falkenwiese oder das Freibad „Kleiner See". Doch auch Hallenbäder lassen sich zur Genüge finden. Dies wäre zum einen das Sport-Bad St. Lorenz, wenn Sie sich gern auspowern möchten, zum anderen aber auch das Schwimmbad Kücknitz, das Zentralbad Lübeck oder, für etwas Entspannung, das Erlebnisbad Holstein Therme. Hier finden Sie im Übrigen auch einen großen Saunabereich. Hier können Sie unterschiedlichste Saunen, zwischen Dampfsauna und finnischer Sauna, genießen, aber auch Fußbäder, ein Tauchbecken, einen großen Sauna-Außenbereich mit Liegestühlen und vieles mehr. Hier können Sie sehr gut einen ganzen Tag einplanen. Sie finden die Holstein Therme

Am Kurpark 3 in Bad Schwartau.

URBAN APES KLETTERWERK

Auf einer Kletterfläche von 900 Quadratmetern können Sie die Freiheit erleben, die Sie als Kind gespürt haben, als Sie hoch oben auf einem Baum saßen und zum ersten Mal die Welt von oben sahen. Urban apes ist eine Kletterhalle, die nicht nur Fortgeschrittenen die Möglichkeit bietet, sich auszuprobieren. Bei der Gasanstalt 5, so lautet die Adresse, finden Sie dieses besondere Erlebnis. Sie können hier sogar Kindergeburtstage buchen oder einen Schnupper- sowie weitere Kurse belegen. Nach dem Klettern werden Sie eingeladen, sich mit einem erfrischenden Getränk auf den Liegen zu entspannen oder sogar in die hauseigene Sauna zu gehen. Das Gebäude wurde früher einmal als Werkshalle einer Gasanstalt, moderner: Gaswerk, genutzt. Den urbanen Charme hat das Team erhalten, nur die Technik wurde erneuert, um ein sicheres Erlebnis zu schaffen.

LÜBECKS STRAßEN

Das Straßennetz sowie der restliche Aufbau der Altstadt Lübecks wurde im 12. Jahrhundert geplant und akribisch gegliedert. Die Hauptstraßen, die damals vor allem als Hauptgeschäftsstraßen genutzt wurden, verlaufen immer von Norden nach Süden. Die Seitenstraßen werden als Rippenstraßen bezeichnet. In den Rippenstraßen wohnten jeweils Angehörige einer bestimmten Berufsgruppe, die meist heute noch die Straßennamen prägen. Da im Osten der Stadt mehr Handwerker gewohnt haben, sind die Gebäude eher klein und schlicht, während der Nordwesten der Stadt von Kaufleuten bewohnt wurde und damit große, prächtige Häuser vorzuweisen hat.

Sie sollten während Ihres Aufenthalts in Lübeck auf die Straßennamen achten, die wie beschrieben, Aufschluss auf die Geschichte der Straße geben. So heißt die Hundestraße vermutlich Hundestraße, da damals viele Lebensmittelgeschäfte ansässig waren, die freilaufende Hunde angelockt haben.

> **Insider-Tipp:**
> Wie Sie vielleicht schon festgestellt haben, enden manche Straßen in Lübeck auf „-grube", wie zum Beispiel die Beckergrube. Das liegt daran, dass man damals Teile Lübecks aufgeschüttet hat, um das Stadtgebiet zu vergrößern. Die Straßen, die auf den neuen, aufgeschütteten Bereichen verliefen, nannte man dann Gruben. So wissen Sie, ob Sie gerade auf dem ursprünglichen Boden laufen.

LÜBECKS BRÜCKEN

Wenn Sie schon mit dem Kanu unterwegs sind, sollten Sie einen Blick auf die vielen Brücken werfen, die Sie durchfahren werden. Denn von diesen gibt es in Lübeck ganze 210! Und Sie haben es erraten – auch diese sind zum Teil historisch und damit eine Sehenswürdigkeit.

Lübecks Drehbrücke beispielsweise besteht schon seit 1892 und ist Ergebnis des engen Raumes im Stadtgebiet. Denn damals gab es nicht genügend Platz, um ein durchgängiges Gleis zu legen, weswegen jeder Waggon einzeln auf einer Scheibe gedreht wurde und die Passagiere und Güter mithilfe einer

Fähre übergesetzt werden mussten. Die 350 Tonnen schwere Brücke löste das Problem, da sie in drei Minuten erhoben und um 56 Grad gedreht werden kann, wodurch die Güterzüge nun im Ganzen über die Trave rangiert werden konnten. Heute hält sie sogar dem Autoverkehr stand. Sie können die Brücke in der Willy-Brandt-Allee betrachten.

Ein weiteres technisches Wunderwerk ist die Eric-Warburg-Brücke. Diese wurde erst 2008 innerhalb von vier Jahren gebaut, aber die Lübecker blicken auf 100 Jahre Planungsphase für diese Brücke zurück. Die Brücke kann für den Schiffsverkehr, der die Trave entlangkommt, hochgeklappt werden. Eric Warburg war übrigens ein Bankier, der durch seinen Einsatz Lübeck vor weiteren Bombenangriffen bewahrt hat.

Wenn Sie vom Hauptbahnhof zur Innenstadt spazieren, werden Sie die Puppenbrücke passieren. Sie war die erste Brücke Lübecks, die aus Stein gebaut wurden. Sie werden sie anhand der Skulpturen erkennen, die die Brücke schmücken. Sie stehen für verschiedene Gottheiten und ihren Themen, und zwar Freiheit, Eintracht und Frieden, die Gottheit Merkur, den Gott der Flüsse Neptun und einen römischen Krieger sowie Klugheit. Zusätzlich stehen neben ihnen Vasen, die ebenfalls ihre Bedeutungen innehaben, und zwar „Fleiß und Sparsamkeit", „Ackerbau und Viehzucht", „Wissenschaft und Kunst" „Vaterlandsliebe sowie Patriotismus".

LÜBECKS PLÄTZE

Wie in einer Handelsstadt üblich, wurden in Lübeck Plätze angelegt, um auf Märkten Handel treiben zu können. Vor dem Rathaus finden Sie den Markt, auf dem damals mit verderblichen Waren, also Lebensmitteln, gehandelt worden ist. Hier wurden aber auch Gerichtsverhandlungen abgehalten, die der Öffentlichkeit zugänglich sein sollten. Zusätzlich gibt es den Koberg und den Klingenberg. Während auf dem Koberg die Landbevölkerung Vorrecht hatte, nutzen die Schmiede den Klingenberg.

STADTPARK

Nutzen Sie ein paar Stunden, um einmal durch Lübecks Stadtpark zu schlendern. Dieser lädt zum Entschleunigen ein und bietet einen Treffpunkt für Menschen jeden Alters. Hier kann man auf den Teich gucken oder ein kleines Picknick unter den Bäumen machen.

HÜX-WIESE

Die Hüx-Wiese befindet sich direkt an der Trave. Sie ist in erster Linie ein Treffpunkt für Jugendliche und junge Erwachsene, die am Wochenende zusammen auf dem Gras sitzen, gekühlte Getränke und den Sonnenuntergang genießen. Aber auch Ältere und junge Paare nutzen die Wiese gern, da der Blick auf die Altstadt über das Wasser erstklassig ist.

AKTIVITÄTEN IN LÜBECKS UMGEBUNG

Ein Urlaub in Lübeck kann auch super durch kurze Trips in andere Städte und Dörfer in der Umgebung erweitert werden. Da Lübeck mit Bus und Bahn, aber auch durch ein gutes Straßennetz sehr gut angebunden ist, sind die Wege vergleichsweise kurz. Die Aktivitäten, die ich in Lübecks Umgebung für vielversprechend halte, möchte ich Ihnen hier einmal ans Herz legen.

In Timmendorfer Strand finden Sie ein Sea Life Center. Hier handelt es sich, sollten Sie es noch nicht kennen, um ein großes Aquarium mit allerlei Unterwasserbewohnern jeglicher Art. Die Vielfalt der Tiere und die Masse an Wasser überwältigt mich bei jedem Besuch. Sie können hier Fütterungen besuchen und viele neue Fakten lernen oder einfach durch das Center schlendern und das Treiben der Tiere im Wasser begutachten. So oder so ist es immer einen Besuch wert.

In Sierksdorf können Sie den in ganz Deutschland bekannten Hansa Park besuchen. Planen Sie hierfür auf jeden Fall einen ganzen Tag ein, denn hier gibt es eine Menge zu sehen und zu erleben. Der Park bietet Angebote für alle Altersklassen. Für Kinder gibt es Kinderkarussells und Rutschen, für Erwachsene gibt es Achterbahnen mit und ohne Loopings, Wasserbahnen und natürlich ein breites Angebot an Essen und Trinken. Der Park ist in Themenbereiche aufgeteilt. Von dem Wikinger-Land über Fiesta del Mar in die mythischen Reiche des Nordens bietet der Hansa Park viel Abwechslung. Sie müssen kein Achterbahn-Fan sein, um den Park zu besuchen, da Sie hier auch ruhige Fahrten mit den Seerosen oder der kleinen Eisenbahn unternehmen und die grünen Wiesen oder das 4D-Kino genießen können. Das Eingangstor ist übrigens ein nachgestelltes Holstentor, womit Sie auch hier ein Gefühl für die Hanse erwartet.

Karls Erlebnishof in Warnsdorf ist auch ein besonderes Erlebnis für die ganze Familie. Hier gibt es allerlei Aktivitäten zu entdecken. Die Kinder können sich auf dem Hüpfkissen austoben, sich im Tobeland oder auf dem Kletterbaum verausgaben. Sie können aber auch in der Kreativwerkstatt Keramik verzieren. Auch eine Kartoffelsack-Rutsche wartet auf Sie. Neben noch vielen weiteren Aktivitäten und

Attraktionen besitzt Karls Erlebnishof einen eigenen kleinen Bauernhof mit Eseln, Meerschweinchen und Wellensittichen, die die Besucher gern streicheln dürfen. Der Park hat das ganze Jahr über geöffnet. In den Wintermonaten sind die Öffnungszeiten lediglich etwas kürzer. Doch auch da gibt es hier noch genug zu erleben.

Der Erlebnis- und Tigerpark in Dassow ist eine weitere Idee, die ich Ihnen ans Herz legen möchte. Hier erwartet Sie eine der größten Tiger- und Löwenanlagen in ganz Europa. Auf 5 Hektar Land erstreckt sich der Park, in dem es einiges zu erleben gibt. Es finden Shows statt, wie ein Mitmachzirkus oder die klassische Raubtierfütterung. Sie finden hier aber auch einen großen Spielplatz, eine Dromedar-Anlage und ein Naturbiotop. Sie müssen lediglich beachten, dass der Park im Winter leider geschlossen bleibt. Der Park öffnet jedes Jahr von April bis Oktober seine Tore für zahlreiche Besucher und Besucherinnen.

Wenn Großkatzen nicht Ihr Geschmack sind, rate ich Ihnen zum Wildpark Eekholt im Stellbrooker Weg in Heidmühlen. Der Park umfasst ganze 67 Hektar Land, auf denen Sie über 700 Tiere entdecken können. Das ganze Jahr über öffnet der Park seine Tore und jeden Monat gibt es einzigartige Veranstaltungen für die Besucher. Ob nun Winterwanderungen, Flugshows mit Eulen und Greifvögeln oder auch das gemeinsame Honig-Schleudern. Das Programm ist abwechslungsreich und Besucher jeden Alters können hier viel lernen und entdecken.

Im Eselpark und Landspielhof in Nessendorf geht es etwas geruhsamer zu. Dies liegt in erster Linie am Temperament der süßen Esel. Hier kann die ganze Familie auf ihre Kosten kommen und die Welt der Esel entdecken. Sie können die Esel aber auch streicheln oder sie putzen, Gold waschen, ins Restaurant gehen oder sich in der Spielscheune austoben. Auch hier ist das Angebot vielfältig.

In Timmendorfer Strand gibt es einen der größten Vogelparks Deutschlands. Dieser besticht durch seine wunderschöne Natur, die Vögeln aller Art viel Platz und naturnahes Leben ermöglicht. Die Schilflandschaft bietet den Tieren ein angenehmes Ambiente, um das die Wege des Parks herumführen. So wurde der Park naturbelassen gestaltet. Neben Flamingos und Schwänen können Sie selbst seltene Vogelarten wie Krontauben oder Goliathreiher sehen.

Zu guter Letzt möchte ich Ihnen den Erlebniswald Trappenkamp vorstellen. Hierbei handelt es sich um einen weiteren Naturerlebnispark, den Sie in Daldorf finden. Hier steht der Wald als Lebensraum im Vordergrund. Es gibt begehbare Wildgehege, kleine Hütten, in denen Sie ein Picknick abhalten können, einen Spielplatz zum Klettern und Toben und im Waldhaus können Sie und Ihre Familie in der Dauerausstellung allerlei lernen oder sich in der Fantasiewelt Wald ausgiebig austoben. Hier wurde ein Wald auf großer Fläche nachgestellt, der Platz und Möglichkeiten zum Klettern und Balancieren verspricht und selbst einen Irrgarten enthält. Auch hier ist für Groß und Klein etwas dabei.

Lübeck für Kinder

L übeck ist eine Stadt, die für die ganze Familie geeignet ist. Im gesamten Stadtgebiet lassen sich zahlreiche Aktivitäten finden, die die Herzen der Kinder höherschlagen lassen. Es gibt nicht nur Spielplätze für die Kleinen, sondern auch Kurse, Kindertheater und, wie Sie bereits gelesen haben, bieten einige der Museen auch ein spannendes Angebot für die jüngeren Gäste. In diesem Abschnitt werde ich Ihnen einige der Aktivitäten vorschlagen und wo Sie sie finden, damit niemals Langeweile aufkommt!

Insider-Tipp:
Wollen Sie Ihre Koffer lieber leicht packen, obwohl Sie Kinder dabeihaben? Kein Problem! „Mami Poppins" verleiht Kinderwagen, Autositze und vieles mehr sogar zu Ihrer Unterkunft. Schreiben Sie einfach eine E-Mail an deine@mami-poppins.de

Spielplätze sind augenscheinlich die erste Idee zum Zeitvertreib. Natürlich hat Lübeck auch hier etwas zu bieten, den Wasserspielplatz am Kaisertor zum Beispiel. Dieser bietet alles, was Ihr Kind sich von einem Spielplatz wünschen könnte. Rutschen, planschen, turnen und klettern ist hier wunderbar möglich. Sie finden den Spielplatz in der Wallstraße 42.

Der Spielplatz am Drägerpark ist eine Alternative zum Wasserspielplatz. Hier können Ihre Kleinen ebenfalls ausgelassen toben. Es gibt Wendelrutschen, einen Bolzplatz, eine Wasserinstallation und sogar eine Seilbahn. Außerdem gibt es mehrere Geräte, auf denen Kinder klettern und sich auspowern können. Dieser Spielplatz wurde erst 2018 eröffnet und ist damit einer der neueren Spielplätze in der Gegend.

Für einen kurzen Zwischenstopp in der Stadt eignet sich der Spielplatz Glockengießerstraße, den

Sie im Nöltingsgang finden. Dieser Spielplatz erstreckt sich auf einer kleineren Fläche, da er in einem Hinterhof liegt. Er ist außerdem besonders für kleinere Kinder geeignet, da die kleine Burganlage besonders niedrig aufgebaut ist. Aber auch hier können Ihre Kleinen Staudämme bauen und planschen.

Neben den Spielplätzen bieten sich in Lübeck auch noch viele weitere Aktivitäten für die ganze Familie an. So können Sie hier beispielsweise auch wunderbar Minigolf spielen. Mein Tipp ist die Minigolfanlage in der Wallstraße 20, die immer ein großartiges Erlebnis bietet.

Können Sie noch Rollschuh fahren? Wenn ja, lädt die Skateboard-Bahn an der Ecke Hüxstraße und Kanalstraße zu einem lustigen Tag ein. Hier kann jedes Familienmitglied auf seine Kosten kommen und sich ausprobieren.

Der Geschichtserlebnisraum Roter Hahn bietet bei jedem Besuch ein besonderes Erlebnis. Hier können Ihre Kinder sich verausgaben! Sie finden alte Tierrassen, originale Gewänder aus alten Tagen, Flächen mit Teichen, Wäldern und Wiesen, Sie können basteln, malen oder das große Sommerfest besuchen. Hier liegt der Fokus auf lehrreichen

Erlebnissen, die von Pädagogen begleitet werden. Die Adresse hierfür lautet Pommernring 58. Der Geschichtserlebnisraum ist ein einmaliges Erlebnis.

Unter den Lübecker Museen, die ich Ihnen in früheren Kapiteln nahegelegt habe, eignen sich einige auch sehr gut für Kinder. Dazu gehören das Günter-Grass-Haus, das Willy-Brandt-Haus, das St. Annen-Museum, das Hafenmuseum, das Museum für Natur und Umwelt, das Museum Holstentor und natürlich das TheaterFigurenMuseum.

Apropos Theater: Diese gibt es in Lübeck zuhauf. Und auch für Kinder gibt es hier ein großes Angebot. Das Figurentheater im Kolk 20-22 bietet nachmittags unter Woche Aufführungen für Kinder an. Hier können Sie sich Märchen, Kindergeschichten oder sogar Dramen anschauen, die für Kinder aufbereitet sind.

Das Kindertheater auf der Freilichtbühne ist eine gute Idee für die warmen Sommermonate Juni bis August. Sie finden es in den Wallanlagen. Hier finden vor allem lustige Aufführungen statt. Wenn es wieder kalt wird, werden die Veranstaltungen in den Schuppen 6 am Hafen verlegt.

Das Lübecker Wasser Marionetten Theater ist

eine klasse Besonderheit. Hier steht ein Theateraquarium, das 3000 Liter Wasser fasst! In diesem Wasser spielen die Marionetten ganz ohne Dialoge ihre humorvollen oder poetischen Geschichten. Das wird begleitet von toller Musik und einem beeindruckenden Einsatz von Licht. Sie finden es in der Kanalstraße 8.

Das Kindertheater am Tremser Teich ist ein gemütliches Theater, welches Sie in der Warthestraße 1a finden. Hier werden mit viel Liebe zum Detail und viel Humor Märchen aufgeführt wie „der Wettlauf zwischen Hase und Igel".

Interessiert sich Ihr Nachwuchs für Bücher? Dann sollten Sie vielleicht einen regnerischen Tag dafür nutzen, die Jugendbücherei zu besuchen. In der Hundestraße 5-7 können Sie über tausend Bücher finden und damit in über tausend Welten eintauchen und versinken.

Einen Besuch wert ist ebenfalls das Kinder- und Jugendzentrum „JUZE" in der Haferkoppel 11 oder das Jugendkulturhaus „Röhre" in der Mengstraße 35. Hier wird wöchentlich ein Angebot für die Jugend erstellt, das von Kochen über Turnen bis hin zum Tischkickern reicht. Das Angebot ist also vielfältig und birgt eine Menge Abwechslung und Auslastung. Schauen Sie gern einmal hier vorbei.

Sind Sie länger in Lübeck? Klasse! Besuchen Sie mit Ihren Kindern doch den einen oder anderen Kurs. Hier gibt es in der Hansestadt eine große Auswahl.

Der VfL Lübeck hat zum Beispiel seine eigene Hansekicker-Fußballschule. Hier können Sie Kurse buchen, die ungefähr eine Woche dauern. Ihr Kind lernt hier zusammen mit Gleichaltrigen viel Neues und schließt vielleicht sogar neue Freundschaften. Am Ende können die Kleinen sogar das DFB-Fußballabzeichen erwerben und sie bekommen ein Trikot und eine Trinkflasche.

Für Kinder, deren Interessen eher im Künstlerischen liegen, bieten sich in Lübeck aber auch einige Möglichkeiten. Zum Beispiel besteht die Chance, Malkurse zu besuchen. Hier eignet sich unter anderem die Musik- und Kunstschule in der Kanalstraße 42-48 oder die Kunstschule der Gemeinnützigen in der Ratzeburger Allee 34.

Oder wie wäre es, wenn Ihr Kind segeln lernt? Wo sollte es besser funktionieren als im schönen Lübeck? Sowohl die Schött-Segelschule im

Teutendorfer Weg 2 als auch die Lübecker Segel-
schule an der Untertrave 40/41 bieten regelmäßig,
auch in den Ferien, Kurse für Kinder, Erwachsene,
Anfänger und Fortgeschrittene an.

Sie sehen, auch für die ganze Familie ist ein
Kurztrip oder ein Urlaub in Lübeck eine großartige
und ereignisreiche oder auch entspannende Sache!
Das Angebot ist hier zahlreich und bietet Abwechslung sowie schöne Erlebnisse.

Essen und Trinken

A uch kulinarisch hat Lübeck einiges zu bieten. Natürlich werden Sie hier die klassischen Restaurants und Bars finden, die es auch in anderen Städten gibt. Ich möchte Ihnen hier aber Lübecks Besonderheiten ans Herz legen.

FANGFRISCH – LECKERSTER FISCH

Zu einer Stadt am Meer gehört auch eine ordentliche Fischküche. Diese finden Sie in vielen Restaurants in und um Lübeck. Ich persönlich rate Ihnen aber zum „Fangfrisch" an der Untertrave 51. Es gehört zu meinen Lieblingsrestaurants, da es günstig und bisher immer superlecker gewesen ist. Sollten Sie sich vegetarisch ernähren, finden Sie hier trotzdem passende Gerichte. Schnappen Sie sich also ruhig ihre Familie und statten Sie Fangfrisch einen Besuch ab.

REMIX – BURGER UND CO.

Ob man nun auf der Suche nach einem erstklassigen Burger ist oder den Abend mit Freunden bei Cocktails oder anderen Erfrischungsgetränken ausklingen lassen möchte – das Remix in der Königstraße 26 ist immer einen Besuch wert. Der hausgemachte, vegetarische Burger ist einer meiner Favoriten auf der Karte.

BRAUBERGER ZU LÜBECK – BIER UND BRATKARTOFFELN

Mögen Sie lieber die deftige Küche? Im Brauberger in der Alfstraße 36 wird Bier noch selbst gebraut! Hier werden unter anderem im denkmalgeschützten Bierkeller herzhafte Speisen wie leckere Haxe serviert. Uriges Ambiente und leckeres Bier, hier komme ich ebenfalls immer gern her.

Insider-Tipp:

Planen Sie einen längeren Abend? Im 3. OG über dem Brauberger befindet sich eine Ferienwohnung, in der bis zu 6 Personen Platz zum Übernachten finden.

KRIMI-DINNER – SPANNUNG PUR

Stehen Sie auf atemberaubende Spannung? In Lübeck bieten drei Gaststätten ein sogenanntes Krimi-Dinner an, währenddessen es einen Mordfall zu lösen gilt. Während des Essens entfaltet sich ein spannender Kriminalfall und die Gäste werden dazu angehalten, mitzuraten und zu helfen, den Fall zu lösen. Karten können Sie unter anderem im Internet buchen. Sie können wählen, ob Sie das Krimidinner im Restaurant Vier Jahreszeiten bei der Lohmühle 27 besuchen möchten, im Wiener Caféhaus in der Breiten Straße 62 oder aber im Seglermesse Restaurant an der Priwallpromenade 33.

Das Wiener Caféhaus befindet sich direkt in der Einkaufsstraße und zeichnet sich durch das Kreuzgewölbe im sogenannten Adlersaal aus, welches mit einer atemberaubenden Deckenmalerei geschmückt ist, die inzwischen unter Denkmalschutz steht.

Das Restaurant Vier Jahreszeiten befindet sich im obersten Stockwerk und bietet Ihnen damit einen atemberaubenden Panorama-Blick über die gesamte Stadt. Hier werden vor allem saisonale sowie regionale Produkte verwendet und damit leichte und moderne Gerichte für Sie gezaubert.

Das Seglermesse Restaurant besticht hingegen mit der Lage am Travemünder Priwall, wo Sie direkt auf den anliegenden Hafen blicken und die hier festgemachten Segelboote und -schiffe betrachten können.

Alle drei Restaurants haben ihren eigenen Charme und ihre eigenen Stärken. Auch wenn die Tickets zu einem Krimidinner verkauft sein sollten, überlegen Sie sich, ob Sie nicht vielleicht trotzdem zu einem Abendessen diese Restaurants aufsuchen möchten. Das Ambiente und die Karte sind vielversprechend und auf jeden Fall weiterzuempfehlen.

TASTE – MODERN UND GESUND

In der Holstenstraße 21 finden Sie das Taste. Dieses Café hat sich auf Frühstück spezialisiert. Hier bekommen Sie frisch gepresste Säfte, Bagel und die gesunden und beliebten Frühstück-Bowles. Sie können sich aber auch für Gerichte außerhalb des Frühstück-Angebots entscheiden. Auch dies ist sehr lecker und gesund. Das Ambiente ist gemütlich und man bekommt sogar vegane Gerichte.

KARTOFFELKELLER LÜBECK

Zu guter Letzt mein persönlicher Favorit. Hier bekommen Sie, wie der Name schon preisgibt, leckere Kartoffelgerichte serviert. Am Koberg 8 finden Sie den urigen Gewölbekeller aus dem 13. Jahrhundert. Das Essen ist deftig und sehr lecker zubereitet. Die Kartoffeln, die verwendet werden, versprechen Bio-Qualität, sind dadurch also schmackhafter als herkömmliche Kartoffeln. Zusätzlich können Sie hier auch erfrischende Getränke zu sich nehmen.

Shopping

Lübecks Innenstadt eignet sich hervorragend für einen Shopping-Ausflug. In und um Lübeck finden sich allerlei Läden. Egal, was sie brauchen oder was auf Ihrer Wunschliste steht, in Lübeck werden Sie es finden. C & A, H & M und Co. sind selbstverständlich vertreten und bedienen jeden Geschmack, jede Altersklasse und jeden Geldbeutel. Doch auch hier gilt: Wollen Sie Lübecks Charme entdecken, lohnt es sich, die Nebenstraßen zu betreten. Hier finden sich kleine Geschäfte, die ihr ganz eigenes Sortiment im gemütlichen Ambiente anbieten.

BREITE STRAßE

Die Breite Straße in Lübeck in die Shoppingmeile der Stadt. Hier werden Sie neben Cafés und Restaurants vor allem Einkaufsmöglichkeiten jeglicher Art finden. Ob Kleidung, Dienstleistungen oder Geschenkideen: Alles ist vorhanden. In der Breiten Straße sind vor allem sehr bekannte Ladenketten wie H&M, C&A und Galeria Karstadt Kaufhof. Versuchen Sie Ihr Glück erst einmal hier, denn hier reiht sich ein Laden an den nächsten.

HÜX- UND FLEISCHHAUERSTRAßE

Von der Breiten Straße gehen zwei weitere Einkaufsstraßen ab: Die Hüxstraße und die Fleischhauerstraße. Die beiden Straßen sind schmaler und gemütlicher als die Breite Straße. Sie versprühen den Charme der Altstadt und zeichnen sich durch eher kleine, aber individuelle Läden aus, die meist keiner Kette angehören, sondern nur hier zu finden sind. Aus dem Grund laden diese beiden Straßen eher zum Schlendern und Stöbern ein und bieten auch die eine oder andere Überraschung und originelle

Geschenkidee.

KÖNIGSTRAßE

Die Königstraße ist eine weitere Einkaufsstraße, die Sie besuchen sollten. Sie ist die Parallelstraße zur Breiten Straße und bietet ein weiteres Angebot. Hier finden sich vor allem Boutiquen und Goldschmieden, aber auch Einrichtungsläden sind hier zu finden. Wenn Sie hier entlangschlendern, wird Ihnen auffallen, dass auch viele der weiteren Angebote in dieser Straße, wie das Kino Filmhaus, auch in diesem Buch erwähnt und empfohlen wurden. Außerdem finden Sie in der Königstraße ein Einkaufszentrum, das Haerder-Center.

HAERDER-CENTER

Das Haerder-Center ist eines von Lübecks Einkaufszentren, das aber mitten in der Innenstadt liegt. Sie finden es in der Königstraße 84-96. Hier haben Sie allerlei Auswahl an Geschäften: Ob nun Shopping oder Essen der nächste Tagesordnungspunkt sein soll, von Kleidung über Technikausstattung bis hin zu einem indischen Restaurant finden Sie hier alles. Vor allem für regnerische Tage ist so ein Einkaufszentrum eine gute Idee.

PRESSEZENTRUM

Dieses Geschäft finden Sie in der Breiten Straße. Im Pressezentrum können Sie hervorragend nach Büchern und Zeitschriften stöbern, da es hier eine große Auswahl gibt. Im Eingangsbereich gibt es außerdem eine Varietät an Mitbringsel wie Tassen, Taschen und Kalendern. Im Obergeschoss gibt es eine Abteilung mit CDs für jede Musikrichtung, ebenso wie DVDs für jeden Geschmack. Auch eine Konzertkasse befindet sich hier.

CYROLINE – NACHHALTIG UND FAIR

Cyroline ist ein kleines Kleidungsgeschäft in der Fleischhauerstraße 49. Dies ist die erste Filiale des Unternehmens, welches inzwischen sogar einen eigenen Online-Shop und zwei weitere Geschäfte besitzt. Hier erwartet Sie vor allem junge Mode mit trendigen, witzigen oder Retro-Prints, die nachhaltig produziert wird. Hier finden sowohl Frauen als auch Männer etwas.

SOLAR – VON SCHLICHT BIS EXTRAVAGANT

Sollten Sie nach Mode für Damen im mittleren Alter suchen, sind Sie hier richtig. Das Geschäft in der Königstraße 24 bietet kompetente Beratung und sowohl unauffällige als auch extravagante Mode. Dieses Geschäft überzeugt mit Liebe und wahrem Interesse für Kleidungsstile.

KAILUA – NICHT NUR FÜR SKATEBOARD-FAHRER

Keine Sorge – Sie müssen sich nicht zu den Skateboard-Fahrern zählen, um einen Blick ins Kailua, ein Geschäft in der Fleischhauerstraße 31, zu werfen. Denn hier finden Sie neben Skateboard-Equipment auch coole Mode. T-Shirts, Mützen und Schuhe von bekannten Marken wie Carhartt oder Vans lassen sich teilweise nur hier finden.

LUV SHOPPING

Wenn Sie mit dem Auto in Lübeck sind, rate ich Ihnen zu dem Einkaufszentrum LUV. Dies ist die größere Variante des Haerder-Centers außerhalb der Innenstadt. Hier gibt es eine riesengroße Auswahl an Geschäften jeglicher Art. Wollen Sie Kleidung, Geschirr oder einen neuen Kühlschrank kaufen? Sie bekommen alles hier! In der Dänischburger Landstraße 81 finden Sie das Zentrum, das auch mit einem sehr großen Parkplatz ausgestattet ist. Selbst das Einrichtungshaus IKEA ist in dem Gebäude enthalten. Man kann wohl sagen, dass Sie einen ganzen Tag allein für dieses Einkaufszentrum einplanen sollten. Es lohnt sich aber, da Sie danach keinen offenen Wunsch mehr übrighaben werden.

Entertainment

TRAVEMÜNDER WOCHE

Natürlich muss auch die TraWo genannt werden, wenn man von Lübeck erzählt. Denn die ist eines der Highlights des Jahres im hohen Norden. Zwar ist sie in erster Linie die zweitgrößte Segelregatta der Welt, aber viele Besucher werden auch vom umfangreichen Rahmenangebot angezogen. Zwischen dem Priwall und dem Brodtener Ufer tummeln sich bis zu einer Million Besucher pro Jahr.

An der „Holsten Beach Area" an der Nordermole ist der Disco- und Beachbereich. Man kann hier auf den Tanzflächen zu den zahlreichen DJ-Sets tanzen, Beachvolleyball spielen oder einfach im Sand sitzen und dem Treiben zuschauen.

Für die Segelfans bietet die Trave-Promenade ein gutes Angebot. Auf der Tornadowiese liegen die Segelboote der Regatta-Teilnehmer. Ob Sie diese nun bestaunen oder den Sportlern Fragen stellen möchten – die Area ist für Sie die richtige.

Am Brügmanngarten ist jedes Jahr eine Bühne aufgebaut, die den Besuchern mit beliebten Cover-bands einheizt. Hier darf ebenfalls gesungen, getanzt und gefeiert werden. Tagsüber kommen Kinder hier auf ihre Kosten. Es werden Hüpfburgen aufgebaut und auch Bull-Riding wird angeboten.

Wenn Sie Lust auf kulinarische Spezialitäten ha-ben, bietet die Strandpromenade das vielfältigste Angebot. Hier lassen sich nicht nur Fischbrötchen verspeisen, sondern auch internationale Küche aus aller Welt macht hier richtig Appetit. Ob Sie nun eher scharfe Burger oder süß-saure Reispfannen lieben: Hier findet jeder etwas.

Zu guter Letzt findet jedes Jahr das große Ab-schlussfeuerwerk statt. Das abrundende Ereignis ist eines der Highlights des Festivals und erfreut sich ebenfalls großer Beliebtheit.

Generell empfehle ich Ihnen, sich einfach mit

der Masse treiben zu lassen. An jeder Ecke gibt es unterschiedlichste Angebote und die Atmosphäre allein ist einen Besuch wert.

Insider-Tipp:

In der Holsten Beach Area gibt es sogar die beliebte „Silent Disco", bei der die Besucher einen Kopfhörer bekommen und die Musik, zu der sie tanzen wollen, selbst auswählen können. Auch wenn Sie nicht gern tanzen, ist dies immer ein Spektakel, das lustig zu beobachten ist.

SCHLESWIG-HOLSTEIN MUSIK FESTIVAL

Das Schleswig-Holstein Musik Festival wurde im Jahre 1986 gegründet und macht es sich seitdem zur Aufgabe, nationale und internationale Künstler an außergewöhnlichen Orten wie Scheunen, Herrenhäusern und Hinterhöfen auftreten zu lassen. Das Festival findet in Schleswig-Holstein verteilt statt, aber Lübeck ist eine der Städte, die regelmäßig Gastgeber für Konzerte dieser Art sind. Zwar konzentriert sich der Veranstalter auf die klassische

Musik, jedoch kann man hier auch Jazz- oder Elektrokonzerte sehen und selbst Lesungen und Comedy werden im Rahmen den Festivals veranstaltet.

NORDISCHE FILMTAGE LÜBECK

Hier steht die Filmkunst im Mittelpunkt. Es werden ungefähr 200 Filme aus Norddeutschland, Skandinavien und aus dem Baltikum gezeigt. Sie bedienen die Kategorien Spielfilm, Dokumentarfilm oder Kurzfilm und werden einem breiten Publikum zugänglich gemacht, was in der Vergangenheit schon häufig zur Berühmtheit von Regisseuren beigetragen hat. Die Nordischen Filmtage sind ein Treffpunkt für Filmemacher, aber auch für Filminteressierte und sehr interessant und lehrreich.

LÜBECKER MUSEUMSNACHT

Am letzten Samstag im August findet jedes Jahr die Lübecker Museumsnacht statt. Wie der Name preisgibt, haben an dem jeweiligen Tag zahlreiche Lübecker Museen, aber auch Galerien und andere Kulturstätten bis um Mitternacht geöffnet. Zum

Rahmenprogramm gehören aber auch Tanzaufführungen, Lesungen und Führungen sowie zahlreiche Konzerte an den unterschiedlichen Veranstaltungsorten.

KOLOSSEUM

Lübecks Kolosseum ist ein Veranstaltungssaal, der unter Denkmalschutz steht. Hier finden heute noch Theaterauftritte oder kleinere Konzerte ebenso wie Vorträge oder gemeinnützige Veranstaltungen statt. Das besondere des Saals ist die Optik, welcher mit Stuck und Säulen im römischen Stil heraussticht. Wenn Sie also die Möglichkeit haben, während Ihres Aufenthalts in Lübeck Karten zu einer Veranstaltung im Kolosseum zu ergattern, nutzen Sie diese Chance und genießen Sie einen Abend in dieser schönen Atmosphäre.

KINO – MAINSTREAM UND INDEPENDENT

Verbringen Sie auch gern einen Abend lümmelnd in einer Kinoreihe mit süßem Popcorn und einem guten Film? In Lübeck können Sie auch das gut und gern tun.

Das Filmhaus in der Königstraße heißt nahezu täglich seine Besucher willkommen. Wenn Sie gern die Filme sehen, die in den Programmkinos laufen, dann sind Sie hier an der richtigen Adresse. Mit der Retro-Fassade und -Schrift hat es mich schon mehrmals hineingelockt und überzeugt.

Das KoKi, oder auch das Kommunale Kino, ist ein ideales Gegenstück hierzu. Es konzentriert sich nämlich eher auf die Filme, hinter denen keine großen Produktionsfirmen stehen, sondern jene Filme, die sich ihre Zuschauerschaft erst noch erarbeiten müssen und jene, die an Minderheiten gerichtet sind. Das Programm reicht von asiatischen, afrikanischen oder südamerikanischen Filmen über Kurzfilme bis hin zu Klassikern der Filmgeschichte. Der Kinosaal ist eher klein, aber dafür gemütlich geschmückt und einladend gestaltet.

THEATER

Wenn Sie gern Theaterstücke oder Sinfonieorchester sehen, sollte Sie einen Abend für das Theater Lübeck in der Beckergrube freihalten. Hier finden mehrmals in der Woche unterschiedliche Darstellungen statt. Von klassischen Theaterstücken zu Comedy-Aufführungen oder Opern ist für jeden und jede Altersgruppe etwas zu finden.

Die anderen Theater in Lübeck, die ich für empfehlenswert halte, habe ich Ihnen in dem Kapitel „Lübeck für Kinder" vorgestellt. Schauen Sie gern dort nach.

POETRY SLAM

Regelmäßig findet in Zusammenarbeit mit dem Europäischen Hansemuseum der sogenannte Slam a Rama statt. Das ist eine Veranstaltung, bei der moderne Texter und Poeten aus dem deutschsprachigen Raum einzeln auf die Bühne gehen und inspirierende, clevere, lustige und/oder sich reimende Texte vortragen und in Konkurrenz zueinander versuchen, das Publikum von sich zu überzeugen. Die

Jury besteht aus fünf Unparteiischen, die Punkte verteilen. Das Ganze findet im Europäischen Hansemuseum An der Untertrave 1 statt. Sie sollten sich frühzeitig Tickets kaufen, da die Veranstaltungen immer ausverkauft sind.

Eine Abwandlung des Poetry Slams ist der beliebte Science Slam. Wie der Name schon sagt, steht hier die Wissenschaft im Vordergrund. Angehörige der örtlichen Hochschulen treten hier auf und verpacken ihre wissenschaftlichen Erkenntnisse in ansprechende Gedichte oder Texte. Das Ganze findet regelmäßig in der St. Petrikirche statt, welche für diese Veranstaltung mit Slam a Rama, der Technischen Hochschule Lübeck, der Musikhochschule und der Universität zusammenarbeitet.

SPORT

Neben den schon genannten Sportangeboten wie Segeln, Kanu fahren, Minigolf spielen und so weiter, bietet es sich in Lübeck auch an, Sportveranstaltungen zu besuchen und als Zuschauer teilzunehmen.

Der VfB Lübeck zum Beispiel ist der Fußballverein Lübecks, der zurzeit in der Regionalliga vertreten ist. Und dort schlägt er sich sehr gut. Der Verein ist bisher zweimal bis in die Zweite Bundesliga aufgestiegen. Kaufen Sie sich Tickets, falls Sie Fußball mögen und die besondere Stimmung im Stadion auffangen möchten. Denn die ist hier einmalig. Das Stadion „Lohmühle" ist übrigens auch über Lübeck hinaus bekannt. Schon häufiger fanden hier DFB U21-Spiele statt, die unter anderem die heute berühmten Spieler Manuel Neuer, Philipp Lahm und Mats Hummels in die Stadt holten.

Ein weiterer Tipp ist die Lübecker Handballmannschaft VfB Lübeck-Schwartau. Die sollten Sie sich nicht entgehen lassen, da sie in der 2. Bundesliga spielt, was bereits erstklassigen Handball und erstklassige Stimmung bedeutet. Handball ist ein rasanter, spannender Sport, den es zu entdecken lohnt, wenn Sie sich damit bisher nicht befasst haben sollten. Ein Spiel des VfB Lübeck-Schwartau wäre hierfür doch ein toller Anfang. Die Heimspiele finden in der Hansehalle statt, die Sie unter der Adresse An der Hansehalle 3 finden können.

Konzerte, Clubs und Kneipen

MUK

Die Musik- und Kongresshalle Lübeck ist ein Veranstaltungsraum, der vielseitig genutzt wird. Hier finden jedes Jahr unterschiedliche Messen statt, wie beispielsweise die Nordjob-Messe, in der Arbeitgeber sich vorstellen und vor allem Schülern und Schülerinnen ihre Ausbildungen, aber auch Jobs anbieten. Hier werden aber auch regelmäßig große Konzerte veranstaltet oder Comedians treten auf. Tickets hierzu finden Sie sowohl im Internet über die bekannten Verkaufsseiten, aber auch in Lübeck selbst sind Verkaufsstellen zu finden. Hier werden Sie also eher Musiker oder Comedians sehen können, die mindestens national bekannt sind. Die MUK verfügt über einen großen Parkplatz und ist sonst auch vom Hauptbahnhof fußläufig zu erreichen.

MUSIKPARK A1 LÜBECK

Das A1 ist eine Großraumdiskothek, die vor allem von Jugendlichen und jungen Erwachsenen aus Lübeck und der Umgebung besucht wird. Wenn Sie Lust haben, zu feiern und zu tanzen, bietet diese Location zumindest den größten Bekanntheitsgrad hierfür. Hier wird populäre Musik aus den Charts gespielt und ist für Partygänger genau richtig.

RIDERS CAFÉ

Lassen Sie sich nicht vom Namen irritieren: Beim Riders Café handelt es sich nicht um Kaffee und Kuchen, sondern um rockige Live-Musik, Jazz, R'n'B und Hip-Hop. Hier finden Konzerte in Club-Atmosphäre statt. Der Veranstaltungsort ist über Lübecks

Grenzen hinaus bekannt und hat schon einige bekannte Künstler und Musiker in die Hansestadt gelockt. Die Organisatoren achten auf ein abwechslungsreiches, starkes und überraschendes Programm. Sie finden die Location in der Leinweberstraße 4.

STRANDSALON

Wer es lieber etwas ruhiger mag, sollte den Strandsalon besuchen. Es ist ein Beachclub, der mit echtem Strandsand und Palmen dekoriert sowohl Essen wie Pizza oder Grillgut, aber auch Drinks anbietet. Das Ambiente ist hier besonders. Durch die besondere Lage können die Gäste einen Blick auf die Kräne des Hafens werfen und historische Gebäude betrachten. Es gibt einen kleinen Pool, Beachvolleyball und weitere sportliche Strandaktivitäten, kleine Kaminöfen und alles, was zu einem entspannten Abend in einer gemütlichen Strandatmosphäre beiträgt. Man findet den Strandsalon in der Willy-Brandt-Allee 25 a.

KULTURWERFT GOLLAN

In dem ältesten Industriegebiet Schleswig-Holsteins standen 20 Jahre lang die alten Backsteingebäude leer, bis sie aufgekauft und belebt wurden. Heute finden in dem Industriecharme Partys, Festivals und Konzerte aller Art statt. Auch Kunst ist hier zu finden. Inzwischen können die Hallen sogar für Geburtstage oder Firmenfeiern gebucht werden. Es ist ein visionäres Projekt, dass den Norden inspirieren soll, Kultur zu schaffen, anstatt alte Gebäude verwahrlosen zu lassen. Sie finden die Location in der Einsiedelstraße 6.

TORRIOS AMERICAN BAR

In der Königstraße 36 wartet ein weiteres Erlebnis auf Sie. Torrios ist eine Bar, die sich auf Drinks und Cocktails spezialisiert hat. Hier kann man in ruhiger, gemütlicher Atmosphäre den Abend ausklingen lassen. Es gibt eine lange Bar, aber auch kleine Sitzecken, die Platz für nette Gespräche bieten. Im Hintergrund läuft meist entspannter Jazz, aber ab und an hat man die Chance, hier auch Livemusik zu erleben. Da sich diese Bar großer Beliebtheit erfreut, kann sie an Wochenenden voll sein. Sie wird aber von Touristen durch ihr unauffälliges Äußeres häufig übersehen. Nutzen Sie Ihren Wissensvorsprung und statten Sie der Bar einen Besuch ab.

STERNSCHNUPPE LÜBECK

Diese Kneipe lohnt es zu entdecken. Sie ist eher szene-typisch, aber auch Touristen sind hier immer herzlich willkommen. Ob Sie etwas essen möchten, wie die leckere Pizza, die hier angeboten wird, oder ob Sie den Abend bei Wein und Tischkickern ausklingen lassen möchten. Beides lässt sich hier hervorragend in entspannter Atmosphäre realisieren. Die Bedienungen sind sehr freundlich und hilfsbereit und die Preise stimmen auch. Sie finden die Bar in der Fleischhauerstraße 78.

IM ALTEN ZOLLN

Im alten Zolln ist eine Lübecker Kneipe, die in einem Wirtshaus des 16. Jahrhunderts zu finden ist. Sie ist daher rustikal eingerichtet. Hier wird regelmäßig Livemusik angeboten, der Sie begleitend zu Ihrem Abendessen oder einem leckeren Bier lauschen können. Das Essen, das hier angeboten wird, bedient die klassische Kategorie Hausmannskost. Es ist sehr lecker und auch frisch zubereitet. Für einen entspannten Abend in rustikaler Atmosphäre ist es hier perfekt.

Unterkünfte und Anreise

ANREISE MIT DEM ZUG

Die Anreise mit dem Zug eignet sich sehr gut. Der Hauptbahnhof in Lübeck ist zum einen sehr groß – Züge erreichen und verlassen den Bahnhof Tag und Nacht aus allen Ecken des Landes – er ist aber auch sehr zentral gelegen. Möchte man direkt nach der Ankunft die Stadt zu Fuß erkunden, ist dies problemlos möglich. So ist das Holstentor beispielsweise fußläufig binnen 10 Minuten zu erreichen.

Um den Hauptbahnhof herum sind auch einige

Hotels und weitere Unterkünfte zu finden, ohne in ein Taxi oder einen Bus steigen zu müssen. Zu den Unterkünften aber später mehr.

ANREISE MIT DEM AUTO

Lübeck ist sehr gut angebunden. Die Autobahnen A1 und A20 führen Sie direkt in die Stadt. Sollten Sie in der Stadt übernachten, sollten Sie mit Ihrem Auto lediglich zu Ihrer Unterkunft fahren und es dort stehen lassen. Wenn Sie einen Städtetrip planen, suchen Sie sich zuvor ein Parkhaus Ihrer Wahl aus und parken Sie dort.

Insider-Tipp:
Nutzen Sie Parkhäuser auch außerhalb der Innenstadt. Diese sind meist weiträumiger geschnitten und selten überfüllt. Auch sind hier meist günstigere Preise zu erwarten. Ein weiter Fußweg ist trotzdem nicht angesagt, da in Lübeck alles schnell zu erreichen ist. Ein Beispiel für ein gutes Parkhaus ist das Holstentor-Parkhaus.

Die Verkehrsführung in Lübeck ist zwar gut geplant und umgesetzt, die Innenstadt, in der sich die meisten Sehenswürdigkeiten und Aktivitäten bieten, ist aber eher Fußgänger- oder Fahrradzone. Entspannter kommen Sie also durch den Tag, wenn Sie die Stadt zu Fuß erkunden. Da die Stadt nicht zu groß ist, ist dies gar kein Problem.

ANREISE MIT DEM BUS

Direkt am Hauptbahnhof befindet sich der ZOB. Hier halten neben dem normalen Stadtbusverkehr auch Fernbusse. Diese bieten heutzutage zwar keine schnellere, aber eine deutlich günstigere Alternative zu Zügen und Autos. Der Ankunftsort ist außerdem derselbe, als wenn Sie mit dem Zug anreisen würden. Dementsprechend ist von hier die Innenstadt fußläufig zu erreichen. Zusätzlich bietet die Anreise mit dem Bus den Vorteil, dass Sie aus den Fenstern schon einiges von der Stadt sehen können.

HOTELS

Wenn Sie nach einem Hotel in Lübeck suchen, wird es kein Problem sein, eines zu finden. Es ist eher schwierig, aus der Masse der Hotels ein passendes zu finden. Ich liste Ihnen daher hier ein paar Hotels auf, die nach meiner Meinung eine gute Wahl wären.

Das Baltic Hotel Lübeck befindet sich in der Nähe des Hauptbahnhofes. Wenn Sie mit dem Zug oder Bus anreisen, geht dieses Hotel also nicht mit einer Kaskade an weiteren öffentlichen Verkehrsmitteln samt Gepäck einher, sondern Sie können entspannt zu Fuß hinüberschlendern. Die Zimmer sind gepflegt und groß und das Personal ist freundlich. Von hier aus kann man ebenfalls schnell die Innenstadt erreichen. Dies ist genauso fußläufig möglich.

Möchten Sie noch zentraler in der Innenstadt übernachten, bietet sich das Hotel an der Marienkirche an. Hier sind die Zimmer zwar kleiner, dafür genießen Sie den Blick auf die Marienkirche und befinden sich schon in der Innenstadt, wenn Sie morgens losgehen. Das Buddenbrook-Haus und das Theater sind bereits in 3 Gehminuten zu erreichen.

Etwas teurer, dafür ein Teil der Geschichte

Lübecks, ist das Hotel Haase. Es befindet sich ebenfalls direkt in der Innenstadt in einem mittelalterlichen Stadthaus in malerischer Umgebung. Hier wird vor allem das liebevolle Frühstück gelobt, das direkt am Tisch serviert wird. Wenn Sie also nicht für einen reinen Städtetrip hier sind, sondern auch das historische Gefühl Lübecks aus Ihrem Urlaub mit nach Hause nehmen möchten, ist dieses Hotel ebenfalls eine gute Wahl.

Insider-Tipp:
Wenn Sie frühzeitig wissen, dass Sie nach Lübeck reisen möchten, schauen Sie schon einmal nach, ob in diesem Zeitraum eine Messe stattfindet. Wenn dies der Fall ist, sind die Hotels gerne mal ausgebucht. Reservieren Sie sich in diesem Fall so frühzeitig, wie es Ihnen möglich ist, ein Zimmer.

FERIENWOHNUNGEN UND -HÄUSER

Wenn Sie einen längeren Urlaub in Lübeck planen, bietet sich immer auch eine Ferienwohnung als Unterkunft an. Hier sind Sie unter sich und Sie können für sich und Ihre Begleitung kochen und Sie verfügen über eine ganze Wohnung. Häufig ist es auch günstiger und Sie müssen sich nicht an Öffnungszeiten halten. Erkunden Sie Lübeck auf eigene Faust und nehmen Sie sich ruhig ein paar Tage Zeit dafür.

Das Apartment Friederike in der Fleischhauerstraße 36 befindet sich direkt in der Innenstadt. Hier können Sie das Flair eines alten Stadthauses genießen und den Vorteil der wenigen Gehminuten zu den Sightseeing-Möglichkeiten nutzen. Auch ist Ihnen hier erlaubt, Ihr Haustier mitzubringen!

Wenn Sie dichter ans Meer möchten, rate ich Ihnen zu dem Ferienhaus Ankerplatz. Es befindet sich in Travemündes Altstadt. Hier finden Sie kostenlose Fahrräder vor, die zu einer kleinen Tour durch Travemünde einladen. In dem Haus finden maximal 6 Gäste Platz und es ist modern und sehr stilvoll eingerichtet. Wenn Sie sich über eine Badewanne freuen würden, werden Sie auch hierbei nicht enttäuscht!

Sie könnten auch die „Ferienwohnung Dachgeschoss im Jahrhundertwendestil am Stadtpark" buchen. Sie bietet genau das, was im Namen enthalten ist. Dadurch, dass sie hoch oben im Haus wohnen, können Sie einen Blick über Lübecks Dächer genießen. Sie sind außerdem außerhalb des Straßenlärms und Sie können fußläufig den schönen Stadtpark erreichen. Hier finden insgesamt 5 Gäste Platz.

Lust auf Lübeck?

Nachdem ich diesen Reiseratgeber beendet habe, möchte ich selbst wieder ins Auto steigen (oder Bus und Bahn) und die schöne Stadt mit den sieben Türmen besuchen. Ich hoffe, dass ich auch Ihnen Lust gemacht habe, eine Reise nach Lübeck zu planen und die Hansestadt zu entdecken.

Wie Sie meinen Vorschlägen vielleicht entnommen haben, kann man Lübeck als Single, als Paar oder auch mit der ganzen Familie hervorragend besuchen. Für jedes Individuum gibt es interessante, spannende oder lustige Angebote, die es nun zu entdecken gilt.

Vielleicht nehmen Sie dieses Buch einfach mit auf Ihre Reise und Sie lassen sich spontan inspirieren, ein bestimmtes Restaurant, ein Kino, Museum oder Kirche oder vielleicht sogar ein Atelier zu besuchen. Die Lübecker freuen sich sehr über ihre Touristen und geben auch vor Ort gern Hilfestellungen und Tipps. Seien Sie nicht scheu und trauen Sie sich. Meist entwickeln sich dadurch besondere Erlebnisse, die Sie nie mehr vergessen werden.

Ich wünsche Ihnen viel Spaß auf Ihrer Reise und dass dieses Buch Sie dabei unterstützen kann. Aber wie gesagt, biegen Sie gern auch von den Hauptstraßen in die kleinen Seitengassen ab und erkunden Sie die Stadt auf eigene Faust. Es gibt so viel zu entdecken, dass es gar nicht in ein Buch passen könnte.

Herstellung und Verlag:
BoD – Books on Demand, Norderstedt
ISBN: 9783751970198

© Melanie Lehmann 2020
1. Auflage
Kontakt: Psiana eCom UG/ Berumer Str. 44/ 26844 Jemgum
Covergestaltung: Fenna Larsson
Coverfoto: depositphotos.com